No Esperes Setiembre Para Florece

Flor De Lis

Editorial - Imprenta

DON JUAN DE AMIEL

"El placer de la razón impresa"

No Esperes Setiembre Para Florecer

Autora: © **Flor De Lis**

Editorial/Imprenta:
Don Juan De Amiel E.I.R.L.
Calle Islas Scorpio Mz. I Lt. 12B,
Las Brisas de Naranjal, 1ra etapa,
San Martín de Porres, Lima
RUC: 20601185394
Teléfono: +51 1 992328121(whatsapp)
Impreso en el Perú en octubre 2019

Carátula: © **Lisbeth Huamán Román**
Contracarátula: © **Joao Aponte Vílchez**

Primera Edición, octubre 2019

Tiraje: 1000 ejemplares

Hecho el Depósito Legal en la Biblioteca Nacional del Perú N°: 2019-13867

ISBN:

Fecha de Publicación: octubre 2019

PRÓLOGO

"Del hueso una flor", cantaría Leiva esta noche, mientras el reloj me indica que **Flor De Lis** ha nacido, porque ha pasado a una nueva vida, mientras cumple un nuevo año, logrando de esta forma un renacimiento que le permite poder darse, transmitirse, con toda esa poesía que nace de la descomposición de sus huesos, de su ser, de su fuerza, de su fe, de su corazón de 20 años, ese que soñaba como una adolescente enamoradiza, para convertirse en una gran flor, logrando florecer sin la necesidad de esperar setiembre para hacerlo, porque un rosal no crece de la noche a la mañana, puesto que requiere tiempo, ese mismo tiempo que ella ha dedicado a cada uno de los poemas que encontraremos aquí, en este su primer poemario, donde la poeta ha ido cincelando sus días de tristeza y soledad verso a verso, hasta encontrar esa voz propia que le ha permitido deconstruirse para renacer, para surgir en un poema y desde sus huesos hecho polvo, y por eso quiero felicitarla por esta primera obra, con la que se convierte en poeta de las lágrimas versificadas, logrando de este modo conmover a mi alma con cada uno de sus poemas, hasta el punto de que me ha puesto a pensar que finalmente el sufrimiento no es una simple muerte, sino un suicidio para renacer antes de morirse sin poder resucitar.

Por eso hoy puedo decir que en este poemario podrán encontrar una inconsciente búsqueda de sí misma, empezando por aquel "sueño eterno" que se quiere tener desde niña, porque cuando uno se enamora por primera vez suele pensar mágicamente de que es para siempre, tanto que nos solemos perdernos de la realidad, para luego volver a ella y darnos cuenta de que ese sueño ya no es más parte de nuestra ilusión, porque ya no está presente, y, por tanto, es necesario volver a los nuestros, a mamá, a papá, a casa, a nuestra soledad, para ir encontrándonos en ese retornar, donde quizás encontramos a algunos personajes o momentos que vienen a nuestro encuentro mientras nos vamos encerrando en nosotros mismos, con la intención de finalmente despertar para volver a nacer diciendo: "No esperes setiembre para florecer", porque las flores del alma no llegan en septiembre, sino cuando uno decide nacer en la realidad y a la vida diaria y trascendental.

Lima, 26 de septiembre de 2019 a las 00:40 horas

SUEÑO ETERNO

En la infame hora
-próxima a expirar-
te llamo,
más tú no oyes
mi quebrada voz.

Lejos, las aves
vuelan en uve
y tu nombre les es familiar
mientras vuelven a sus nidales
y tú no al amor.

En el murmullo de las olas,
en el ocaso del sol,
¿dónde estás?

(Aves, olas de mar,
traigan a mi amado,
se internó en el fondo
y no recuerda
el camino a casa.)

EXISTENCIA

No hay existencia tan maldita
entre decir te amo
y eres solo utopía.

No hay existencia entre nosotros
si solo cabes en lo inverosímil,
como puro cuento.

No hay existencia entre nosotros
si solo existe el incómodo momento,
llamado silencio.

HOY GRITO TU NOMBRE

Hoy grito tu nombre en silencio
y no logro despertar de ese sueño.

El cigarro se ha consumido.
La oscuridad besa mi alma.
El dolor habita en mis huesos.

Hoy grito en silencio y a viva voz
los poemas que nunca me escribiste,
y busco desesperadamente mi nombre
en cada uno de ellos.

TE REGALO MIS VERSOS

Te regalo mis versos
de un lunes por la tarde,
versos que huelen a desconfianza,
a nostalgia, a dolor acumulado.

Te regalo lo poco que queda de mí:
un pasado sin futuro,
un poemario sin versos,
un cuerpo vacío,
una casa con fantasmas,
una universidad sin licencia,
un café sin azúcar,
una primavera sin flores...

Ahora,
lo poco que queda de mí se debate
entre salir a la calle
a caminar a pasos agigantados
o ir a algún parque a buscarte,
sí, a aquel parque de amor:
donde éramos felices rozando nuestros
                                        cuerpos,
ocultándonos de cada transeúnte,

disimulando lo que sentíamos
para luego regresar a casa olvidándonos,
volviéndonos desconocidos,
mientras lo poco que quedaba de mí se
                    resume en agonía...

DÍA GRIS

Estoy vestida totalmente de negro y no es
martes,
claro que no,
es jueves.
No se me ha olvidado que yo me visto los
martes de luto,
pero hoy me siento nefasta,
sin ganas de salir a la calle.
Solo quiero estar en mi cama ausente
y llorar hasta que no tenga ganas,
hasta reírme de mí.

Mi cama es mi único consuelo,
mi habitación es el edén de todo este caos.
Me limpio la última lágrima que me queda
-en esta tarde gris-
y salgo de esta casa vacía que no tiene
tu nombre.
Lo único que contiene son fantasmas,
fantasmas que me persiguen por las
noches,
que me gritan, me lastiman y me
aterrorizan.

Pero hoy no quiero hablar de fantasmas,
quiero hablar de esta soledad
que se acumula dentro de mi alma.
Salgo de casa, sin rumbo, a las calles de
                              esta ciudad:
lo único que contiene es gente
sin dejar de mirar sus celulares.
Otros comparten su amor y todos siguen
                              en su mundo.
Nadie me mira, nadie ve mis lágrimas,
nadie, absolutamente nadie, nadie me
                              consuela.
Y vuelvo a casa y la historia se repite.

SI UN DIA TE ACUERDAS DE MI

Si un día te acuerdas de mí
ve y Búscame,
yo te estaré esperando.

Estaré en alguna calle de esta maliciosa
                                    ciudad,
en algún bar tomando o cantando
                    canciones de Sabina.

Estaré en el mar haciendo castillos de
                                    arena,
escribiendo en alguna orilla.

Si no me encuentras en ningún lugar:
Búscame en lo más profundo de tu ser.

Estaré ahí, en algún recuerdo,
y si no me encuentras
me he marchado para siempre.

FANTASMA DE CIUDAD

Camino en esta ciudad sin nombre,
en la penumbra de sus calles,
olvidando la última copa de vino,
olvidándote...
y echándote al olvido.

En mis labios
solo queda un sabor amargo,
un sabor a recuerdo efímero
bebido.

Camino en esta ciudad
donde todo es blanco y negro,
donde la soledad invade mi rostro
y la luz de mis ojos se apaga.

La muerte se apodera de mi alma
y me invade y asesina lentamente.

MI MADRE

Las lunas de mis ojos
están empañadas de lágrimas.

Me cubro debajo de las sábanas
y mi llanto se oye.
Mi madre me escucha,
me consuela, me seca lágrima por lágrima.

Me he vuelto un río
y me ahogo en mí misma,
en ese: mi llanto, mi dolor,
ese que me tira tan fuerte como una ola
para lanzarme al vacío,
sin contar que tenía salvavidas: mi madre.

VOLVI A ENCONTRARTE

Nada había cambiado:
los lunes siguen siendo lunes,
el mar sigue siendo mar
y tú... siendo poeta.

Volví a encontrarte,
tiempo después
el destino me cruzo contigo.

Ese maldito destino nos devolvió
las ganas de vivir,
de reconocer nuestros cuerpos,
de llegar al placer infinito
y de volver al exilio.

HAY DOMINGOS

Hay domingos que me salvan del dolor,
del miedo,
de la tristeza,
del mal de amor.

Hay domingos que me olvido de que existo
y de que soy mujer,
y olvido mi nombre en cada orgasmo,
mientras todo se convierte en un laberinto
                                        sin salida.

Hay domingos que se van sin darme
                                    cuenta.

Hay domingos que hieren este inasible
                            corazón.

EL COMPAÑERO VIVE

Escribo la voz de un compañero
como los rayos del sol,
como la sonrisa de una linda señorita.

La voz del compañero
no ha muerto,
se escucha en cada paso,
en la estación,
en la brisa del mar, en un reloj con alarma,
en sueños descubiertos.

El compañero vive
en cada verso escrito y recitado,
en toda la calle de lucha, en su campo de
                              algarrobos,
en su tierra.

El compañero vive en cada latido de mi
                              corazón.
El compañero vive aquí: en mí.

AHORA BUSCO UN NOMBRE

Ahora ya no puedo
ocultarme al son de tus recuerdos.
He salido a caminar
malecón tras malecón.
Los grillos, las luciérnagas
oyen mi llanto
y mi llanto se vuelve canción,
una canción sin nombre.

Ahora busco un nombre,
un nombre para mi canción:
mi canción hecha llanto.

Ahora la tristeza me inspira a vivir,
a vivir junto a mi soledad,
y con esa soledad hay un desorden mental.

La tristeza me sonríe,
me mira y grita mi nombre,
nombre que desconozco,
mientras sucumben mis sueños,
pintando mis ojos color esperanza.

NADA ME PERTENECE

Nada me pertenece:
este cuerpo no es mío
ni de nadie.
Estoy habitando un cuerpo
que pronto será de la muerte.

Nada me pertenece,
ni este reloj malogrado,
ni este nombre que me grita amargos
                              consuelos.

Y un día
me refugiaré amargamente en una taza de
                                 café
y en un maldito cigarrillo.

Quizá un día me encuentre
tomando el vino que fue hecho para otros,
y me lo tomaré como un amargo consuelo.

Aquel día habré olvidado que existo
y todos me habrán olvidado.

LA SOLEDAD DESPIERTA MI ALMA

I

Debí olvidarme de ti
y escuchar los consejos de mi madre.

No debí frecuentar esos lugares,
sabiendo que tú aún los frecuentabas.
Igual sigo con una cerveza en la mano.

Es de noche, todo está vacío,
todos duermen.

Los gatos techeros siguen maullando,
hace frío,
estoy sola,
asechada por tus recuerdos
e intentando matarlos.

La soledad despierta mi alma,
se refugia conmigo:
en el umbral de mis últimos recuerdos.

Ya nadie me escucha,
cada palabra mía se convierte
en un silencio sin respuesta.

II

He intentado curar esta alma vacía.
Dejé mi familia, mis hijos perrunos y
                              gatunos,
mis camaradas y mis libros.
Lo he dejado todo, ¡absolutamente todo!
Había que empezar de nuevo.
Tomé los últimos billetes que tenía
y me largué de la ciudad.

De Piura a Tarapoto,
con el corazón roto
y una maleta de lágrimas.

Acá nada es igual,
todo es rutinario.
Me he vuelto adicta a caminar,
a fumar a escondidas de la abuela,
aunque la abuela me mima y es
                              temperamental.

Los domingos la abuela me despierta
más temprano para no dormir más.
"¡Tenemos que ir a misa!",
son sus palabras taladrando mi conciencia.

La acompaño en el rezo y pienso
cómo desaparecer con un cigarro esta
                              noche.

Ya nada me recuerda a ti.
La selva virgen se ha vuelto mi refugio
y también mi hogar sin ti.

III

Las palabras de mi padre me han
                              destruido,
me han dejado sin aliento,
sin ganas de vivir.

Las palabras de mi padre han llegado hasta
                                    aquí,
hasta esta selva virgen que me acoge
y que llora conmigo a cada momento.

Esta lluvia me acompaña
de la mejor y peor manera.
Ya no sé qué hacer para aliviar este dolor.
Necesito un cigarrillo,
una cerveza,
algo que me ayude,
pero aquí no hay nada,
solo hojas y más hojas,
animales y más animales: solo faltas tú.

Las palabras de mi padre se cruzan
por mi mente una y otra vez
y tengo que volver a la realidad,
a esa casa con fantasmas,
a un mundo que empecé a olvidar.

MI HABITACIÓN ES UNA ROSA

Mi habitación es una
rosa
con sus gatos,
sus espinas
y con su vino dulce
que contempla
mi soledad cada noche.

Mi habitación es
de todos mis fantasmas existenciales.

Mi habitación
me permite
reír y llorar
junto a Pizarnik.

Mi habitación
me permite
amar el aroma
de cada libro.

Mi habitación
es una rosa

con sus papeles,
música de fondo: Spinetta,
conmigo
y su corazón.

MI VASO ROTO

Que se escribe después de todo:
Decenas de cervezas vacías,
el vaso medio roto,
la mesa casi llena y vacía,
todos hablan,
cerveza tras cerveza,
pero nadie habla de mi vaso medio roto.

Que se hace con un vaso medio roto:
No puedo huir,
no puedo beber.
Observo el dolor en cada vaso de cerveza:
Unos ríen e intentan disimular el dolor,
ese que los atormenta cada mañana al
                              volver al trabajo,
y bailan intentan olvidarlo todo,
y quizás mañana lo habrán olvidado,
y ya nadie hablará de mi vaso,
de este mi vaso medio roto,
todos estarán cargados de dolor
y otros sepultados por el trabajo.

HABITACION AMPLIA

Habitación amplia,
vacía.
La ventana del dormitorio está en la
                              penumbra
y yo estoy aquí,
como cada madrugada,
como cada mañana,
como cada noche,
con el llanto
desgarrador y desconsolado
de los gatos tacheros.

Esta habitación no es mía
es amplia, vacía y fría,
hay espacio para dos
y yo estoy sola,
cerrando cortinas,
abriendo las piernas
consolándome
dulce y fríamente.

Me refugio después de todo,
más allá de todo,

más fuerte que todo,
cada noche y cada día,
cada minuto
más allá de los 20 años
y para siempre.

AQUEL DÍA ESTARÉ ENTRE MANGOS Y ALGARROBOS

En esta noche
donde mis ideas navegan mar arriba,
mi sueño condenado
sobrevive,
firme,
seguro,
bajo el agua del mar.

Aire melancólico que no me deja respirar
me arroja al mar,
me desnuda,
me condena.

Mi cuerpo flota en el mar,
en mis sueños
condenados en el azul del océano perdido.

El mar, la tierra,
el aire melancólico han domado mi cuerpo.

Yo sé que un día mis ideas y mi sueño
condenados navegaran con rumbo

hacia la tierra mía,
hacia mi campo de algarrobos.
Aquel día estaré entre mangos y
algarrobos.

MAÑANA SERÁ UN SEMÁFORO PEATONAL

Estoy con mi último cigarrillo
en una calle desconocida.
Lágrimas inundan mi cuerpo.
El cigarrillo se apaga
y mi alma también.

Los semáforos de las esquinas
ya no me sirven, parpadean:
rojo, verde, rojo, verde.
Pero yo no quiero cruzar,
ya no me sirven.

La línea divisoria ya cumplió su función.
Los semáforos funcionan sin ser usados.
Hoy mi corazón sigue latiendo, aunque esté
                                    muerto.

Camino por las calles desconocidas,
como perro sin dueño, buscando algo que
                                    no sé,
simplemente buscando algo, algo que no
                            encontraré jamás.

Mañana cuando el sol vuelva a salir
yo ya no estaré aquí
y la gente ha de venir,
buscará lo que yo no encontré
y usará el semáforo rojo, verde, rojo, verde.

HE MUERTO

He muerto,
no sé cuántas veces,
pero a nadie le importa,
porque he muerto simbólicamente
y con tantos intentos fallidos.

El día que yo muera
no volveré,
porque la muerte será parte de mi vida,
de esta mi vida de auto retrato.

Llevo 21 años buscando respuestas de la
                                    muerte
en toda esta ciudad, lo intento diariamente
y no está. La busco debajo de mi cama,
en el armario, en mis pasos y en mis
                          botines color muerte.
La espero a las 3:33 am con un vino,
con mi mejor vino que no termino hace 20
                                      años,
porque aquí en esta casa siempre se queda
una copa de mi vino
para disfrutarla el día que venga la muerte.

Te espero con la copa de vino,
con el vino que jamás volverás a degustar,
porque en esta copa de vino está mi sangre
y mi sed de vivir.

NO ESPERES SETIEMBRE PARA FLORECER

"No esperes septiembre para florecer,
ya no espero nada de nada
ni de nadie."

Hoy escribo el último poema,
hoy mueren mis 20 años,
sí, los 20 años de fracaso,
y mañana no tendré 20,
pero seguiré fracasando
o navegando en el desierto,
no lo sé...
o quizá no despierte...

Este es mi último poema y
no hablo de ti,
hablo de mi ser,
ese ser que domina mis sábanas cada
madrugada a las 3:33...

Ahora escribo debajo de las sábanas,
estoy desnuda en cuerpo y alma
otorgándome el placer... ardiente y fría,

flotando en el mar.

Después de todo:
no espero nada,
ya no espero la primavera,
ya no espero setiembre para creer,
porque muere cada fracaso y nace algo
                                  nuevo,
¡Hoy ya no espero más a la primavera!

ÍNDICE